M. Dini

REALISER ET DECORER LES Bougies

ÉDITIONS DE VECCHI S.A.
52, rue Montmartre
75002 PARIS

Malgré l'attention portée à la rédaction de cet ouvrage, l'auteur ou son éditeur ne peuvent assumer une quelconque responsabilité du fait des informations proposées (formules, recettes, techniques, etc.) dans le texte.
Il est conseillé, selon les problèmes spécifiques – et souvent uniques – de chaque lecteur, de prendre l'avis de personnes qualifiées pour obtenir les renseignements les plus complets, les plus précis et les plus actuels possible.

Pour les matériaux fournis et l'assistance offerte,
nous remercions la fabrique de cire Ceratina (Milan, Italie).

Traduction de Nathalie Rossi

Photos de Serena Maggi

Introduction

L'usage des bougies en tant que source d'éclairage remonte à l'époque des Romains et s'est poursuivi dans ce but jusqu'au XIXe siècle.
Par la suite, la diffusion du pétrole et de l'acétylène et, pour finir, l'apparition de la lumière électrique, ont signé leur déclin dans ce domaine.
Les bougies ont toutefois continué à être utilisées pour toutes les célébrations religieuses. Dans le monde contemporain, on utilise majoritairement les bougies dans les églises, les cimetières et, pour finir, dans un but décoratif. Avec cette dernière fonction, on les retrouve dans les maisons, les restaurants, à l'occasion de repas de fête, pour les fêtes en plein air et dans toutes les circonstances un peu particulières, pour lesquelles on souhaite créer une bonne atmosphère.
Dans les pays d'Europe du Nord et aux États-Unis, les bougies sont aujourd'hui très répandues et peuvent être définies comme des produits de grande consommation. Ces dernières années, les bougies sont devenues à la mode au point de retenir l'attention de marques connues du milieu de la mode, qui créent leurs propres produits.
Les amateurs de bricolage commencent eux aussi à s'intéresser au monde des bougies : la cire est en effet un matériau facile à manipuler et n'importe qui peut la travailler à la maison, sans matériel particulier, en obtenant des résultats très agréables d'un point de vue esthétique.
Le plus important reste d'être doté de créativité et d'un peu de patience.

Matériaux et instruments

Les bougies sont constituées essentiellement d'une mèche et de cire.
La cire peut être de différentes sortes : constituée uniquement de paraffine, ou seulement de stéarine, ou encore d'un mélange des deux, sans oublier la très pure cire d'abeille.
Pour diversifier, embellir et personnaliser les bougies, on peut ajouter à la cire des colorants ou des essences parfumées.

LA MÈCHE

La mèche, qui conduit par capillarité la cire fondue à la flamme, est un ensemble de fils de coton étroitement tressés. Les bougies de grand diamètre possèdent en général des mèches montées sur une base métallique (qu'on appelle des mèches « à pied »), car lorsque les bougies sont allumées pendant des heures, une flaque de cire fondue peut se former, dans laquelle les mèches normales ont du mal à rester droites.
Il faut que la mèche soit proportionnelle au diamètre de la bougie sinon, lorsqu'elle est trop grosse, elle absorbe trop de cire laquelle, se consummant trop vite, produit une fumée excessive ; à l'inverse, une mèche trop fine ne parviendrait pas à faire fondre les bords de la bougie et pourrait également s'éteindre.

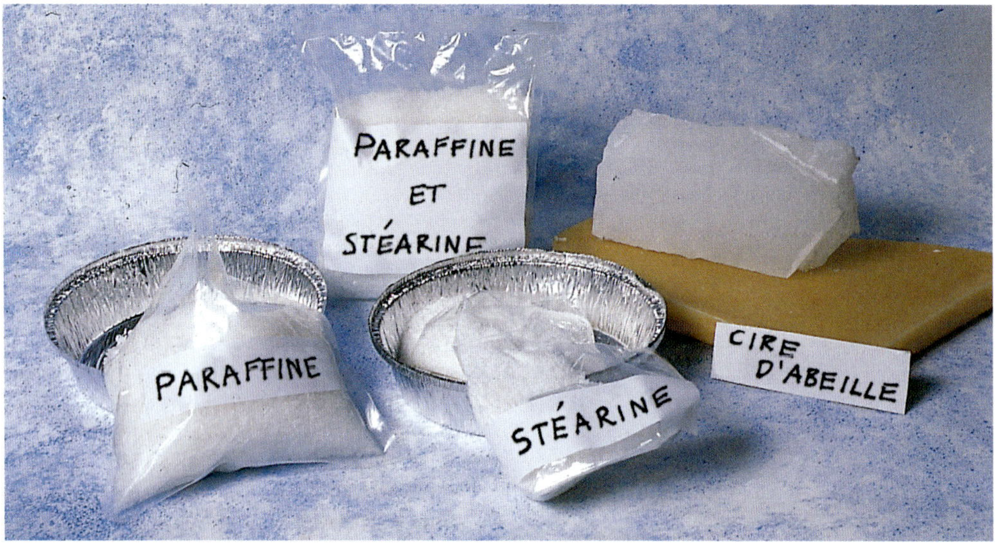

LA PARAFFINE

La paraffine est un mélange d'hydrocarbures, de couleur blanche, translucide et insipide. On la produit dans les raffineries et on l'obtient par la distillation des pétroles bruts : en résumé, il s'agit d'un résidu des huiles lubrifiantes. La paraffine possède de multiples usages : de l'industrie alimentaire à la pharmaceutique, du textile à l'industrie chimique. On l'utilise pour imperméabiliser les tissus, pour conserver le bois et les explosifs et on l'étale sur le papier et les pastels. Dans la maison, on s'en sert pour nettoyer la semelle du fer à repasser, pour boucher les trous faits par les vers et on peut même en frotter les bords des tiroirs pour qu'ils coulissent mieux.

La paraffine ne se mélange pas à l'eau et elle est plus légère qu'elle. Elle fond, suivant les types, entre les 45 °C et les 80 °C. Les bougies fabriquées uniquement à base de paraffine paraissent plus transparentes que les autres et sont plus difficiles à extraire des moules.

Utilisée comme couche de couverture, la paraffine donne un aspect demi-brillant à la bougie.

LA STÉARINE

La stéarine, de couleur blanc opaque, est tirée du suif, que l'on obtient en faisant fondre et en purifiant la graisse des animaux de boucherie. Le suif est utilisé dans la fabrication des savonnettes et de la margarine. Il existe également un suif végétal, dérivé des graisses extraites de certaines plantes. On peut fabriquer des bougies uniquement à base de stéarine mais, en général, on la mélange avec de la paraffine dans un pourcentage allant de 10 à 20 %, pour la rendre plus opaque et plus solide afin que la bougie ne coule pas.

LA CIRE D'ABEILLE

La cire d'abeille est la substance utilisée par les abeilles pour construire leurs rayons. Une fois débarrassée du miel, la cire est commercialisée en pains ou en feuilles, d'une couleur jaune sombre, même si la cire de type industriel peut être purifiée jusqu'à devenir blanche. Elle fond à des températures comprises entre 61 et 65 °C. Son coût peut être de 5 à 10 fois supérieur à celui de la paraffine. Utilisée pure, elle engendre quelques difficultés supplémentaires dans la fabrication des bougies.

LES COLORANTS

Les cires peuvent être colorées de différentes façons : la plus simple est d'acquérir dans les magasins spécialisés, des petites barres de cire colorée concentrée, que l'on diluera ensuite avec de la cire blanche, jusqu'à ce qu'on obtienne la couleur voulue. On peut aussi acquérir de l'aniline en poudre de différentes couleurs.

LES ESSENCES PARFUMÉES

Pour parfumer les bougies, on trouve dans le commerce des essences déjà mélangées à de petites quantités de cire, ou on peut utiliser des huiles parfumées à verser directement dans la cire liquide.

LES MATÉRIAUX DE RÉCUPÉRATION

La cire restant de vieilles bougies peut être utilisée pour en faire de nouvelles : il suffit de la faire fondre et d'ôter les restes de mèche qui pourraient altérer la couleur de la cire. La mèche peut être réalisée avec quelques fils de coton à broder, préalablement trempés dans une solution d'acide borique à 2 ou 3 %. Ils doivent ensuite être doublés jusqu'à ce que le diamètre désiré soit atteint et, en dernier, plongés pendant quelques secondes dans la cire chaude.
Pour colorer la cire, on peut utiliser aussi des restes de rouges à lèvres ou de fards à paupières, sachant qu'on obtiendra de cette manière des couleurs plus délicates. Certaines nuances peuvent être obtenues avec un peu de peinture à l'huile ou en faisant fondre des morceaux de pastels en cire.

LES MOULES

Dans les magasins spécialisés, on trouve déjà prêts des moules de différentes formes et matières. Les moules en plastique sont utilisés pour les bougies de chandeliers, les grosses bougies et celles de forme ronde, tandis que les moules en silicone sont utilisés pour des bougies aux formes plus complexes qui, pour être extraites, nécessitent des moules assez souples. On peut recourir à des objets d'usage courant comme des boîtes de conserve, des verres, des bouteilles en plastique, des cartons de lait, des moules à biscuits ou des récipients en aluminium.

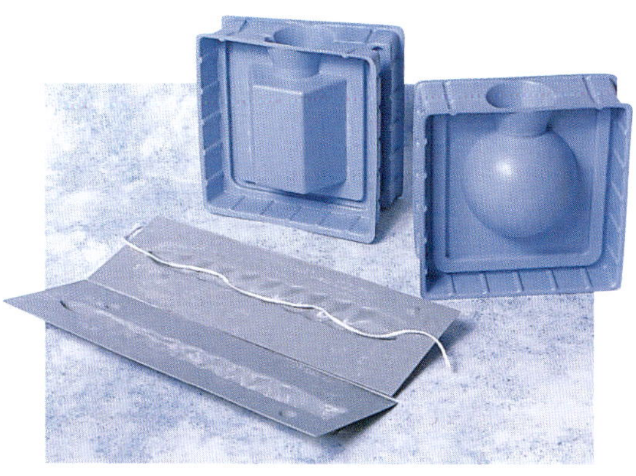

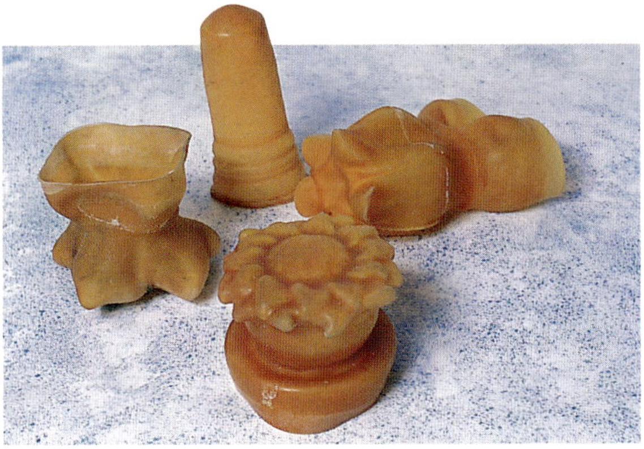

LES INSTRUMENTS

Le nécessaire de base comprend quelques instruments que l'on trouve dans toutes les maisons : des casseroles de différents diamètres dont une munie d'un bec verseur, un thermomètre gradué jusqu'à 100 °C, des ciseaux, un cutter, des cuillères, des pinceaux, des grosses pinces (à cheveux), des baguettes métalliques pour brochettes, une pince pour maintenir la mèche, des spatules et des ébaucheurs.

L'ENDROIT OÙ TRAVAILLER

Si vous n'avez pas la possibilité de jouir d'un véritable atelier pour travailler, la cuisine de votre maison est le lieu idéal. Tous les instruments que vous devez utiliser y trouveront facilement leur place, ainsi que les matériaux dont vous aurez besoin. Protégez toujours votre plan de travail, par exemple avec du papier, si possible assez épais. Les plans de travail en bois ou en marbre peuvent absorber les colorants mélangés à la cire chaude et donc être abîmés. Au contraire, les plans de travail en formica ou autres matières synthétiques (en bref, les matières utilisées dans les cuisines modulables modernes) sont parfaitement adaptés, car ils sont quasiment inaltérables par n'importe quel type de substance et résistent même aux températures élevées des casseroles.

QUELQUES RÈGLES DE SÉCURITÉ

Faites attention à bien respecter les températures indiquées : en chauffant trop, la cire commence d'abord à fumer de manière visible, puis s'enflamme. Si cela se produit, couvrez la casserole avec un couvercle : sans air, la flamme s'éteindra rapidement. En revanche, si un peu de cire répandue sur la cuisinière venait à s'enflammer, utilisez une poignée de sable ou un torchon (en tissu non synthétique).

N'utilisez jamais d'eau pour éteindre la cire enflammée, car elle provoque des éclaboussures très dangereuses (et douloureuses). Les brûlures à la cire se soignent de la même manière que celles provoquées par l'eau bouillante, mais avec quelques précautions et en respectant les températures conseillées, les risques sont vraiment minimes.

LA PROPRETÉ

La cire s'étant déposée sur les surfaces solides peut être facilement éliminée avec une petite spatule ou un racloir. En revanche, si elle s'est collée sur un vêtement, placez-le entre deux feuilles de papier absorbant et passez votre fer à repasser dessus ; ensuite, lavez avec de l'eau chaude et du savon.
Ne versez jamais de cire encore chaude, par exemple des restes de votre travail, dans la bonde de votre évier, car elle pourrait boucher les canalisations, sans oublier que les restes de cire sont toujours réutilisables.

ATTENTION

Avant d'allumer une bougie, coupez toujours la mèche de façon à ce qu'elle soit longue d'un demi-centimètre seulement. ne posez pas votre bougie directement sur un meuble, mais placez-la toujours dans un support adapté ; une simple soucoupe fera l'affaire en l'absence d'un bougeoir.
Ne placez jamais la bougie près d'un mur, car la fumée de la flamme le noircirait. Rappelez-vous que les courants d'air font couler toutes les bougies. Ne laissez jamais une bougie allumée sans surveillance et gardez-la hors de portée des enfants.

FABRIQUER LES BOUGIES

LA TECHNIQUE DE BASE

Faire fondre la cire...

Le mélange le plus commun est composé en général de 90 % de paraffine et 10 % de stéarine. Versez donc dans une casserole paraffine et stéarine déjà mélangées dans les bonnes proportions. L'opération de dilution (ou fusion) de la cire peut être faite au bain-marie ou à feu très doux. La cire doit être fondue lentement et graduellement, surtout si elle est colorée, afin d'éviter d'en brûler le fond et donc d'en altérer les couleurs. Il est toujours préférable de commencer par recouvrir la mèche de cire, afin de favoriser l'allumage de la bougie.

.... et refroidir la bougie

Lorsque c'est possible, mieux vaut solidifier la bougie en plongeant le moule dans l'eau froide : cette méthode favorise la rétractation latérale de la cire, permettant ainsi de détacher plus facilement la bougie de la paroi du moule. Une autre méthode consiste à effectuer un refroidissement rapide dans le freezer du réfrigérateur : avec cette méthode toutefois, n'oubliez pas de contrôler souvent la bougie car la cire, en congelant, peut former des fissures impossibles à éliminer.

LES BOUGIES DE CHANDELIER ET DE BOUGEOIR

Cette dénomination recouvre habituellement des bougies dont le diamètre est de 2 cm environ et dont la hauteur dépasse les 10 cm. En les fabriquant, il faut tenir compte du diamètre et de la hauteur désirés pour le choix de la mèche et pour choisir la longueur où elle sera coupée.

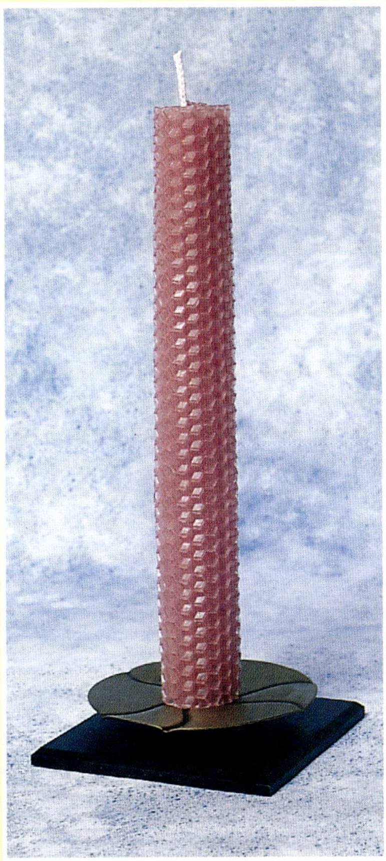

Pour réaliser ce type de bougies, il faut disposer d'une casserole haute et étroite. Attention : si vous voulez faire une bougie de 20 cm de haut, il faudra que votre casserole puisse contenir une profondeur de 22 cm de cire.

1. Coupez la mèche 5 cm au-dessus de la hauteur de la bougie.

2. Amenez la température de la cire entre 65 et 80 °C. La température, dans ce travail, est un élément fondamental. Des températures trop hautes entraînent le fait que la cire, excessivement liquide, ne se dépose pas suffisamment sur la mèche, tandis que des températures trop basses font que la cire s'écoule trop lentement, au point de former des vagues peu esthétiques.

3. Plongez toute la longueur de la mèche dans la cire, à l'exception des 5 derniers cm.

4. Extrayez-la ensuite d'une main ferme et suspendez-la pour la laisser sécher quelques minutes, en vous rappelant d'allonger les temps de séchage proportionnellement à la température qu'il fait dans la pièce où vous travaillez **(photo A)**.

5. Recommencez l'opération plusieurs fois, en prenant soin de temps en temps d'ôter la goutte qui se forme sous la bougie **(photo B)**.

6. Vérifiez la taille que votre bougie prend au fur et à mesure et considérez-la terminée lorsqu'elle aura atteint un diamètre équivalent au trou du chandelier dans lequel vous voulez la mettre **(photo C)**.

A

B

C

PAR IMMERSIONS COLORÉES

1. Préparez une bougie par immersions un peu plus fine que la normale (voir aussi la fiche précédente).

2. Une fois cette bougie obtenue, plongez-la dans un bain de cire d'une couleur différente, jusqu'à quelques centimètres de la pointe, puis retirez-la.

3. Après quelques minutes, plongez-la à nouveau dans la cire. Si la couleur n'est pas suffisamment intense, recommencez cette opération **(photo A)**.

4. À chaque fois que vous changez de couleur, plongez un peu moins de la longueur totale de la bougie.

A

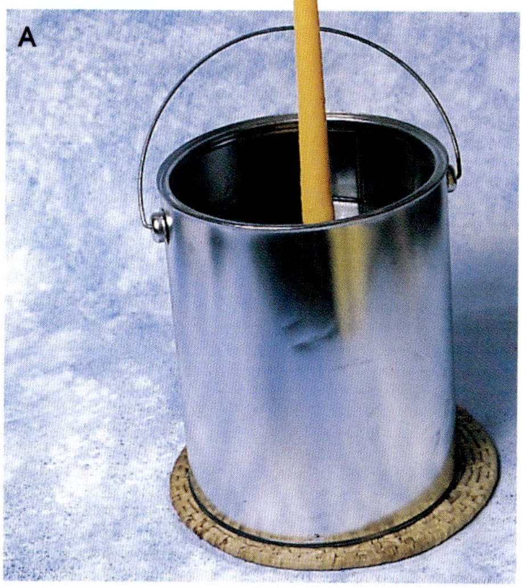

SUGGESTIONS

À partir du deuxième bain, il est conseillé de renforcer l'intensité des couleurs afin de ne pas être obligé de recommencer plusieurs fois le même bain, ce qui finirait par former un degré sur la bougie à chaque changement de couleur. Il serait bon, en outre, de partir des couleurs les plus claires, qui sont moins couvrantes, pour terminer par les plus foncées.

PAR IMMERSIONS À TORTILLON

1. Prenez une bougie par immersions avant son dernier bain (voir les bougies à immersions « simples », page 12), et plongez-la dans une cire à 80 °C (**photos A et B**).

2. Après quelques secondes, lorsqu'elle est encore chaude, commencez à la tordre lentement à la main, suivant une spirale imaginaire, comme l'illustre la photographie (**photo C**).

B

A

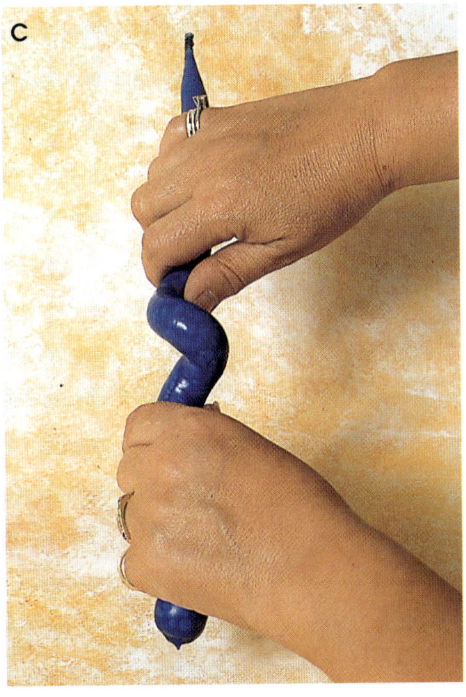
C

3. Continuez jusqu'à la pointe : votre bougie à tortillon est prête.

1. Insérez la mèche dans le moule ouvert. Fermez ensuite le moule, en prenant garde à bien tendre la mèche **(photo A)**.

2. Coulez la cire chauffée à 90 °C dans le moule **(photo B)**.

3. Laissez refroidir le moule pendant au moins 4 heures.

4. Ouvrez délicatement le moule et sortez la bougie **(photo C)**.

A

B

C

LES BOUGIES RECOUVERTES

Les bougies sortent des moules en présentant souvent quelques imperfections, même minimes : pour cette raison, celles que l'on achète dans le commerce ont toujours un bain de couverture.
De manière artisanale, sans disposer d'une cire spéciale de couverture, vous pouvez procéder de deux façons : si vous désirez une bougie donnant un effet demi-brillant, utilisez un bain de paraffine pure, en refroidissant tout de suite après la bougie, dans

A

une bassine d'eau ; si vous voulez faire une bougie opaque, utilisez en revanche votre mélange habituel de paraffine et de stéarine **(photo A)**.
Le bain de couverture peut être utilisé également pour colorer la surface de la bougie, si vous préférez réaliser une bougie à l'intérieur blanc. Dans ce cas, renforcez la couleur et faites au moins deux bains pour la rendre plus résistante dans le temps **(photos B et C)**.

B

C

AVEC DES FEUILLES DE CIRE D'ABEILLE

1. Achetez dans un magasin spécialisé quelques feuilles de cire d'abeille, que l'on reconnaît facilement par leur surface alvéolaire **(photo A)**.

2. Découpez la feuille à la hauteur que vous souhaitez pour la bougie.

3. Posez la mèche le long du bord, en laissant dépasser au moins 2 cm, et commencez à enrouler étroitement **(photo B)**.

4. Continuez à enrouler, jusqu'à ce que vous atteigniez le diamètre voulu **(photo C)**.

5. Enfin, à l'aide d'un cutter, éliminez le reste de la feuille.

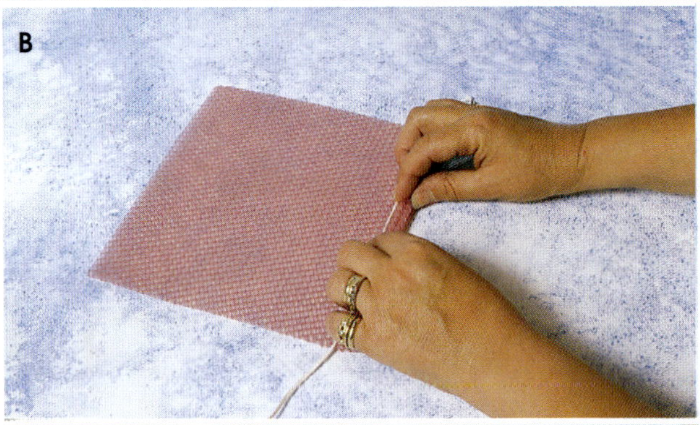

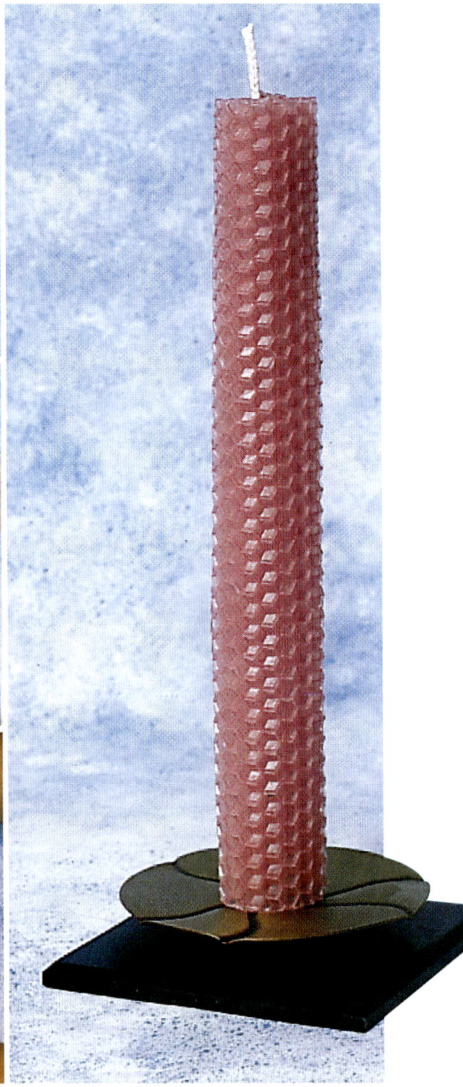

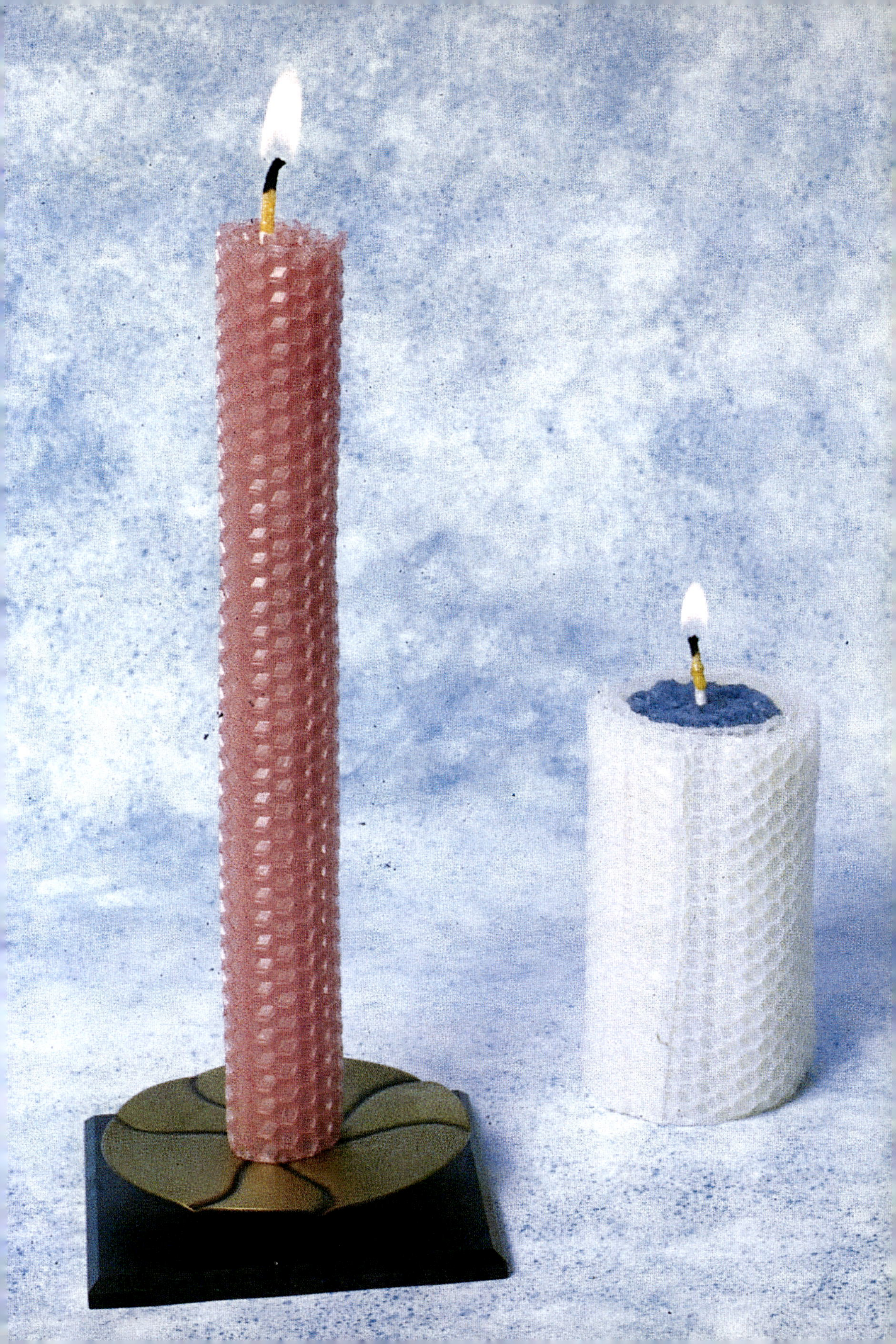

LES GROSSES BOUGIES

Par ce terme, on désigne les bougies basses et larges, que l'on utilise généralement sans bougeoir ou chandelier.
Comme pour les bougies de chandelier, il faut tenir compte en les fabriquant, du diamètre et de la hauteur désirés pour le choix du type de mèche et pour établir à quelle hauteur la couper.

1. Ouvrez le moule et insérez la mèche **(photo A)**.

2. Fixez la mèche dans la rainure adaptée **(photo B)**.

3. Remplissez le moule jusqu'au bord, c'est-à-dire en intégrant le bout supérieur conique **(photo C)**.

A

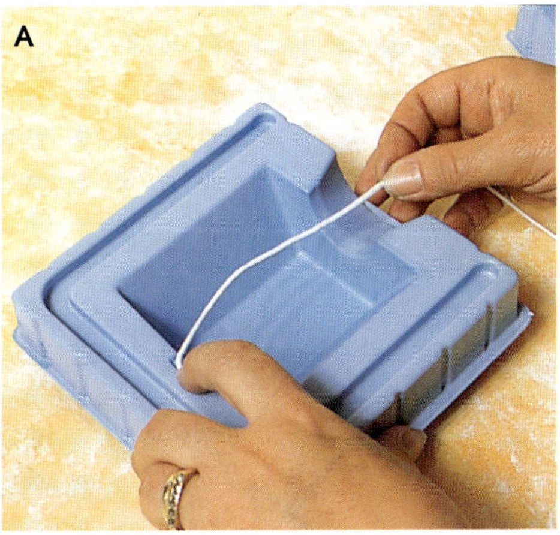

B

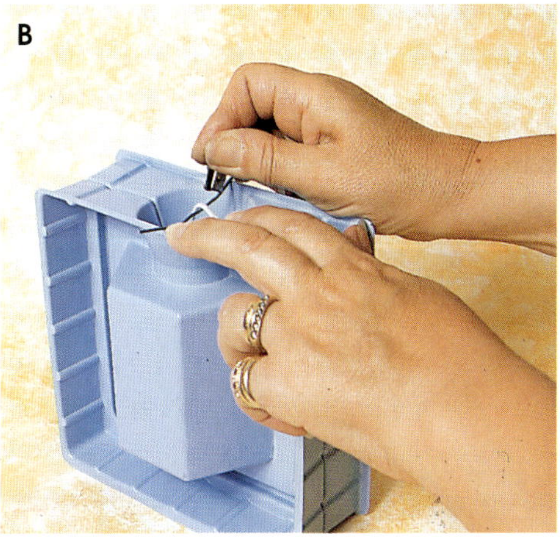

C

4. Lorsqu'après quelques heures, la bougie aura refroidi, retirez-la du moule **(photo D)**.

5. En vous aidant d'un cutter, enlevez la masselotte (c'est le nom que l'on donne à la cire restée dans l'embouchure conique, où la rétraction a formé un trou).

D

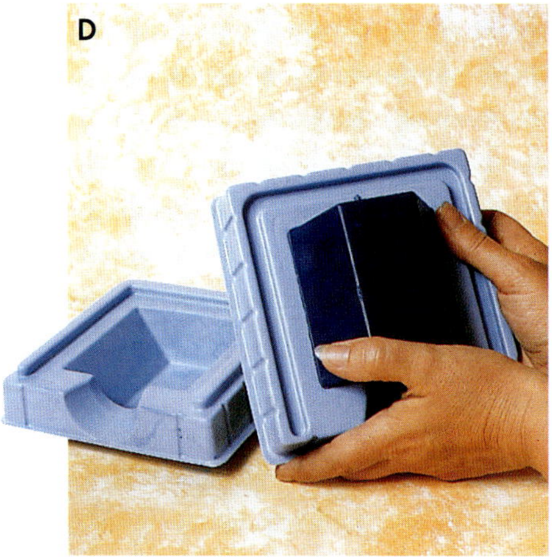

ATTENTION

Pensez toujours que la cire chaude occupe un volume plus grand que la cire froide. En refroidissant, la bougie subira donc un phénomène de rétractation, ce qui pourrait entraîner des défauts sur la surface de la bougie. À ce propos, il est important de remplir le moule de manière graduelle, pour vérifier qu'il n'y a pas de bulles d'air et aussi que l'embouchure est complètement recouverte de cire. Enfin, toutes les bougies doivent, dans la mesure du possible, être coulées de haut en bas (c'est-à-dire avec le moule retourné), de façon à obtenir des surfaces supérieures ne comportant pas les défauts dus à la rétractation.

Les boîtes en métal, comme les boîtes de conserve où les pots de peinture ou de vernis, sont très utiles pour réaliser de grosses bougies, mais ne doivent pas avoir de bords retournés, sous peine de ne plus pouvoir extraire la bougie. Elles doivent, de plus, être trouées au fond, pour permettre le passage de la mèche.

1. Enfilez la mèche en passant par le fond de la boîte et en vous servant d'une aiguille **(photo A)**.

2. Fixez-la à l'aide d'une pince sur une baguette, comme l'illustre la photo **(photo B)**.

3. Coulez la cire à 90 °C jusqu'au bord de la boîte et laissez refroidir quelques heures.

4. Votre bougie présente maintenant une rétractation importante au niveau du centre. Remplissez-la à nouveau de cire, toujours à 90 °C **(photo C)**.

5. Laissez refroidir à nouveau puis retirez soigneusement de la boîte **(photo D)**.

A

B

C

D

La méthode est la même que pour les grosses bougies faites dans les boîtes : étant donné la souplesse du moule, elle offrc l'avantage d'un démoulage plus facile.
De plus, par rapport aux boîtes, elle offre une plus grande variété de formes et de dimensions : vous pouvez utiliser n'importe quel type de carton d'emballage, de ceux pour le lait en passant par les briques de jus de fruits, de toutes les tailles, développées à la verticale ou à l'horizontale.

AVEC DES MOULES EN CAOUTCHOUC

Les moules en caoutchouc permettent de réaliser des bougies aux formes sinueuses, que l'on ne pourrait pas obtenir de moules rigides.

1. En plus des matériaux et des instruments habituels (mèche, pince pour stopper la mèche, aiguille), un support pour maintenir le moule est nécessaire : un verre est parfaitement adapté **(photo A)**.

2. Enfilez la mèche par le fond du moule, en vous servant d'une aiguille. Effectuez l'opération délicatement, surtout si le moule a déjà été utilisé plusieurs fois **(photo B)**.

3. Coulez la cire à une température de 80 °C.

4. Vous pourrez obtenir un effet agréablement nuancé si vous versez une majorité de cire blanche et que vous complétez avec de la cire colorée, une vingtaine de minutes plus tard **(photo C)**.

5. Après le refroidissement, dégagez lentement la bougie du caoutchouc, pour ne pas briser la bougie et pour ne pas déchirer le moule **(photo D)**.

A

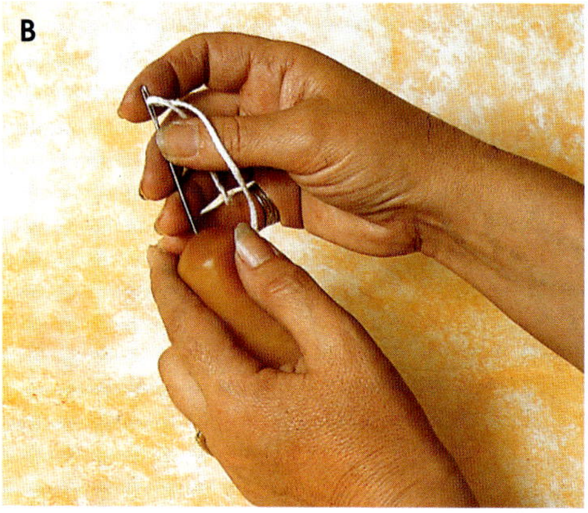

B

C

D

Les bouteilles en plastique de certaines boissons sont très résistantes à la chaleur et peuvent être utilisées comme moules. Elles offrent une grande variété de formes : pensez à la grande diversité de marques d'eaux minérales existantes, chacune d'elle présentant une forme de bouteille différente !

1. Utilisez une mèche à pied, facile à trouver dans les magasins spécialisés. Si vous n'en avez pas, vous pouvez utiliser une mèche quelconque déjà cirée, sachant toutefois que votre bougie durera un peu moins longtemps. En effet, sans le soutien d'une base, au bout d'un certain temps la mèche sera noyée dans la cire liquide.

2. Coulez la cire à 70 °C, jusqu'au bord.

3. Après quelques heures, remplissez à nouveau jusqu'au goulot. C'est une opération que vous serez obligé de recommencer, car dans les moules étroits, la rétractation est toujours très profonde et ne peut pas être comblée par une seule nouvelle coulée **(photo A)**.

4. Pour retirer la bougie de la bouteille, pratiquez une incision sur la bouteille avec un cutter. En vous aidant ensuite d'une paire de ciseaux, découpez toute la bouteille. Effectuez ces opérations en prenant des précautions, pour éviter d'abîmer la bougie **(photo B)**.

A

B

LES BOUGIES FLOTTANTES

Grâce à sa masse plus légère que celle de l'eau, la cire flotte ; n'importe quelle bougie pourrait donc être qualifiée de flottante. Naturellement, les bougies de grande taille se renversant dans les liquides, on n'appelle flottantes que les bougies plus larges que hautes, qui peuvent rester allumées en flottant, comme de véritables petits bateaux illuminés.
Les méthodes de fabrication sont variées mais il est toujours conseillé d'utiliser comme base de départ des grosses bougies normales, mais très basses.

SUGGESTIONS

Les bougies flottantes ont surtout une fonction de centre de table. À l'intérieur de récipients pleins d'eau, elles flottent doucement, créant une atmosphère charmante par le tremblement de leur flamme.

Une idée originale consiste à teindre légèrement l'eau d'un bleu ciel délicat, en utilisant des peintures à l'eau, et d'y mettre à flotter des bougies vertes en forme de feuille et d'autres roses ou blanches en forme de fleurs. Le succès de ces nymphées de table est garanti !

Les bougies de plus grande taille, déposées durant les nuits d'été sur l'eau des piscines, sont également du plus bel effet.

C'est une méthode un peu laborieuse, mais qui présente l'avantage de proposer une grande variété de formes à biscuits : étoiles, cœurs, arbres de Noël, petits animaux, et bien d'autres sujets **(photo A)**.

1. Dans un plat en aluminium, versez quelques millimètres de cire fondue (à environ 75 °C) et posez la forme par-dessus, puis laissez refroidir. De cette façon, vous aurez donné un fond à votre forme **(photos B et C)**.

2. À ce moment-là, remplissez la forme de cire à très basse température, c'est-à-dire d'une cire encore un peu trouble (65 °C). La cire à cette basse température et versée en quantité limitée, ne peut pas faire fondre le fond que vous avez créé et la forme se remplit donc de manière uniforme **(photo D)**.

3. Insérez une mèche à pied au milieu **(photo E)**.

4. Lorsque la bougie aura complètement refroidi, détachez-la forme du plat en aluminium, libérez-la de la cire de base et, en exerçant une pression uniforme, retirez la bougie **(photo F)**.

A

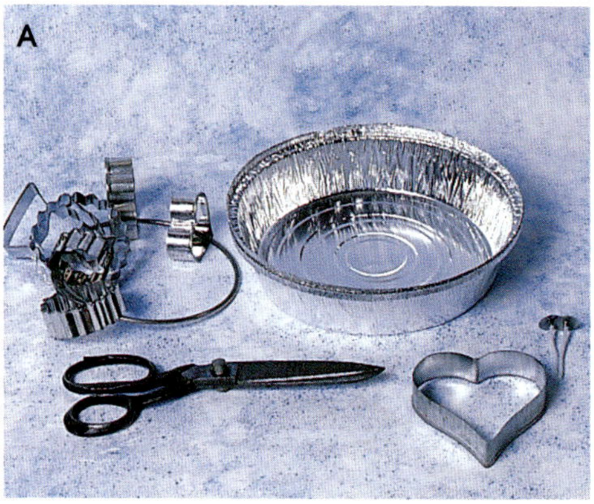

B

C

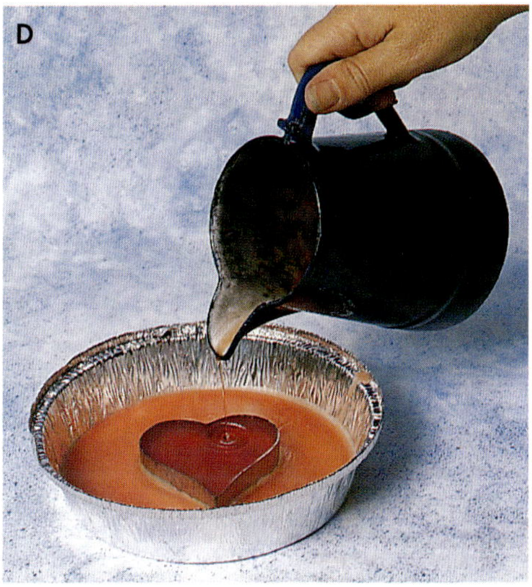
D

E

F

C'est un procédé rapide et facile à réaliser **(photo A)**.

1. Remplissez les moules de cire à 90 °C. La haute température garantissant une plus grande rétractation de la cire, cela favorisera le démoulage de la bougie une fois terminée **(photo B)**.

2. Attendez que la cire soit trouble pour y poser la mèche, qui tiendra plus droite de cette façon **(photo C)**.

3. Une fois le refroidissement terminé, retirez la bougie **(photo D)**.

B

A

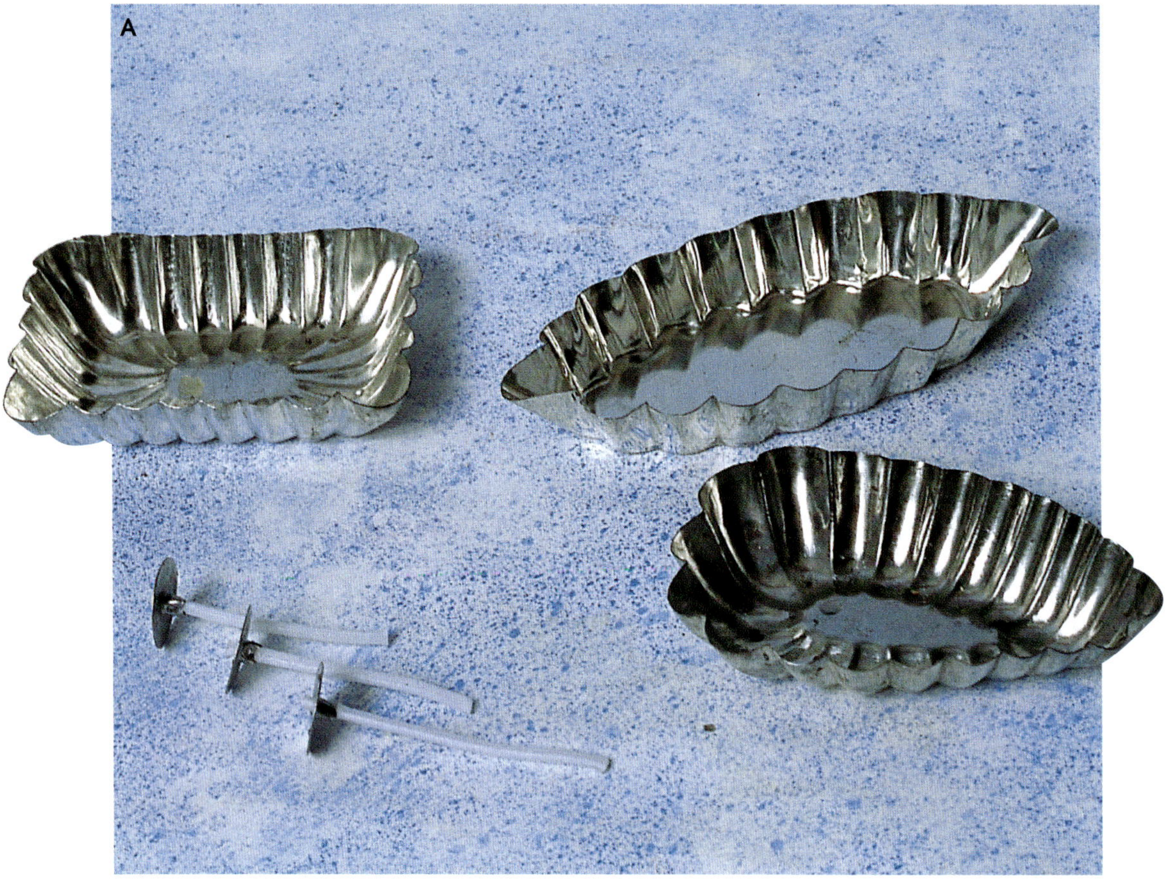

SUGGESTION

En utilisant le même procédé, vous pouvez utiliser des moules à glaçons.

1. Mettez deux doigts d'eau dans un verre et posez le moule dessus. Le verre permet de garder le moule droit et l'eau, en le faisant légèrement flotter, l'empêche de s'aplatir une fois plein de cire (**photo A**).

2. Versez la cire fondue et attendez qu'elle refroidisse (**photo B**).

3. Retirez la bougie en observant les précautions d'usage par rapport aux moules en caoutchouc : décollez lentement le caoutchouc de la cire, pour ne pas abîmer la bougie et le caoutchouc du moule (**photo C**).

4. Avec une aiguille chauffée, percez la bougie et insérez une mèche à pied (**photos D et E**).

A

B

C

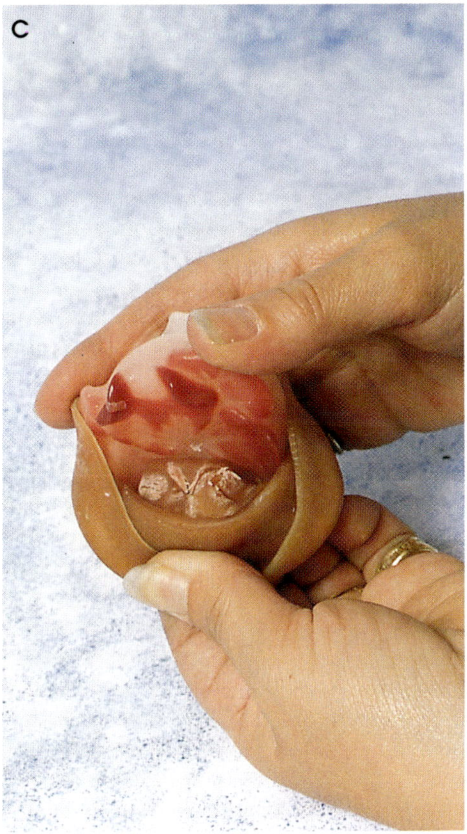

D

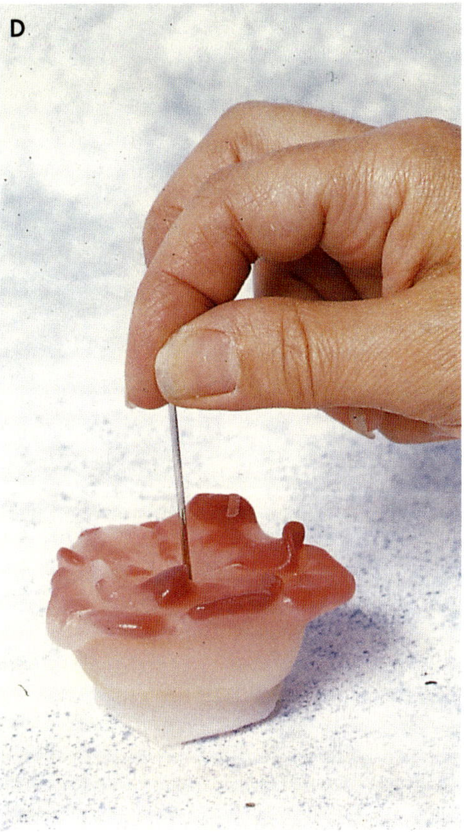

E

LES BOUGIES PARFUMÉES

Toutes les cires peuvent être parfumées, l'important étant de choisir des essences solubles dans les paraffines. On les trouve aujourd'hui plus facilement dans les magasins spécialisés, mais leur coût est encore assez élevé. La vraie difficulté tient au fait qu'on ne peut pas savoir a priori si une essence dont le parfum est très intense à froid, donnera le même résultat une fois la bougie allumée. Par exemple, certaines essences, comme quelques-unes aux agrumes, semblent s'évaporer rapidement à la chaleur de la flamme. Les bougies parfumées qui obtiennent le plus grand succès sont celles coulées dans des conteneurs de différentes formes, d'une part parce que le conteneur enrichit la bougie d'un point de vue esthétique, d'autre part parce qu'une meilleure diffusion du parfum est favorisée par la cire liquide qui se forme à l'intérieur durant l'utilisation de la bougie. Si vous souhaitez fabriquer une grosse bougie parfumée, sachez que l'essence mélangée à la cire en fait baisser le point de fusion ; donc, à diamètre égal, les bougies parfumées nécessitent des mèches plus fines. Ne vous découragez pas : il faut souvent plusieurs tentatives avant de trouver le bon rapport entre mèche et cire parfumée. Vous pouvez parfumer également les bougies plus fines, de chandelier ou de bougeoir, sachant toutefois que leur parfum sera plus prononcé lorsqu'elles seront éteintes plutôt qu'allumées, car la cire liquide produite par la flamme n'est pas suffisante pour véhiculer les essences.

1. Le pourcentage d'essence le plus communément utilisé par les industries productrices de bougies destinées à parfumer une pièce oscille entre 3 et 5 %. L'essence doit être rajoutée à la cire lorsque celle-ci a atteint une température d'environ 90 °C. Vous devez faire attention à mélanger très soigneusement, afin que la cire soit parfumée de manière uniforme **(photo A)**.

2. Il est conseillé avant toute autre chose de verser dans le conteneur une petite quantité de cire, afin de mettre la mèche en place **(photo B)**.

3. Lorsque cette cire aura refroidi, versez-en à nouveau, presque jusqu'à la hauteur souhaitée. Il faut maintenant attendre quelques heures, de façon à ce que la cire se rétracte entièrement, formant ainsi le creux typique du milieu. Plus le conteneur est étroit, plus la rétractation est profonde.

4. Vous pouvez maintenant effectuer la dernière coulée, qui rendra la surface de la bougie parfaitement plate **(photo C)**.

5. Souvenez-vous que pour obtenir un bon résultat d'un point de vue esthétique, la cire de la dernière coulée ne doit jamais avoir une température inférieure à 80 °C. À des températures plus basses, les bords de la bougie pourraient onduler.

A

B

C

Choisissez des essences qui donnent un résultat agréable une fois mélangées entre elles, puis travaillez de la façon suivante.

1. Préparez dans des plats en aluminium, plusieurs plaques de cire parfumée, d'environ 1 cm de haut. Pour chaque plaque utilisez une essence différente en l'employant à une concentration de 8 % **(photo A)**.

2. Brisez les différentes plaques de cire pendant qu'elles sont encore légèrement tièdes **(photo B)**.

3. Placez la mèche au centre du conteneur.

4. Mettez dans le conteneur les petits morceaux de cire, une essence après l'autre **(photo C)**.

5. Faites alors couler dans le conteneur, une cire non parfumée à 70 °C **(photo D)**.

C

D

LES BOUGIES AVEC DE LA GLACE

Faire des bougies avec de la glace demande quelques précautions ; une fois la bougie terminée en effet, on doit retrouver à la place de la glace des petits trous garantissant une bonne combustion.
Nous savons tous que l'eau et la cire ne se mélangent pas : en général l'eau, qui est plus lourde, se dépose au fond du conteneur, tandis que la cire flotte. C'est pourquoi nous utiliserons des morceaux de glace si possible irréguliers et de différentes tailles, que nous ferons alterner avec des morceaux de cire. Sur cet ensemble de glace et de cire solide, nous ferons couler la cire chaude et liquide.
Celle-ci enveloppera la glace en la transformant en eau. À la fin du travail, une fois la bougie retirée du conteneur et égouttée, il ne restera plus que les petits trous que nous voulions obtenir.
Deux procédés existent pour réaliser ces chandelles et, en général, on choisit l'un ou l'autre en fonction de la taille de la pièce que l'on souhaite réaliser.

1. Préparez dans un plat de large diamètre, une plaque de cire de 1 cm d'épaisseur environ.

2. Lorsque la cire s'est solidifiée mais qu'elle est encore tiède, cassez-la en morceaux grossiers et attendez qu'elle soit complètement refroidie avant de l'utiliser.

3. Dans un récipient adapté (boîte de conserve large, casserole moyenne), insérez une grosse bougie d'un diamètre égal à environ la moitié de celui du récipient et plus petite d'au moins 1 cm **(photo A)**.

4. Dans l'espace créé entre la bougie et le récipient, placez rapidement des petits morceaux de glace en les faisant alterner avec des morceaux de cire, jusqu'à ce que vous arriviez à la hauteur de la bougie **(photo B)**.

5. Réchauffez la cire colorée et attendez qu'elle passe d'un aspect translucide à un aspect trouble (la température sera alors de 65 à 70 °C environ). Il faut absolument que la cire soit déjà liquide mais reste la plus froide possible : sinon, elle pourrait faire fondre instantanément la glace, qui se déposerait alors sous forme d'eau au fond du récipient.

6. Vous pouvez alors verser la cire très lentement, jusqu'au bord du récipient. Pour obtenir une surface plate, la bougie doit être recouverte d'au moins 0,5 cm, afin que la cire, à cause de la rétractation, ne se révèle pas plus basse que la bougie **(photo C)**.

7. Laissez bien refroidir le tout, y compris au réfrigérateur ou, durant moins longtemps, au freezer.

8. Retirez la bougie de son récipient et faites-la égoutter en la retournant et en la tournant plusieurs fois entre vos mains. Attention : ne l'allumez jamais avant que toute l'eau se soit complètement évaporée, pour éviter les petits crépitements et les jets de cire chaude **(photo D)**.

1. On utilise généralement comme récipient, des verres ou d'autres objets d'un diamètre équivalent, les morceaux de glace et de cire devant être plutôt petits **(photo A)**.

2. Placez au centre du verre, une mèche à pied **(photo B)**.

3. Entourez-la de petits morceaux de cire, par exemple de couleur blanche **(photo C)**.

A

B

C

4. Placez le plus à l'extérieur possible des couches de glace, en les faisant alterner avec des couches de cire colorée **(photo D)**.

5. Versez une partie de la cire colorée et assurez-vous qu'aucun morceau de glace ne soit placé contre la mèche. Dans le cas contraire, déplacez-le : la mèche ne doit pas être mouillée afin de ne pas crépiter une fois allumée **(photo E)**.

6. Versez le reste de la cire jusqu'à ce que vous ayez rempli complètement le verre **(photo F)**.

7. Une fois le refroidissement terminé, retirez la bougie et égouttez-la.

D

E

F

LES BOUGIES MARBRÉES

1. Préparez quelques plaques de cire colorée (en prenant soin de choisir des couleurs intenses) d'environ 1 cm de haut.

2. Cassez-les en morceaux lorsque la cire est encore tiède et n'est pas complètement solidifiée **(photo A)**.

3. Après avoir positionné la mèche, placez également dans le moule des petits morceaux de cire **(photo B)**.

4. Faites réchauffer une certaine quantité de paraffine pure et incolore, jusqu'à 65 °C et versez-la dans le moule. La basse température de la paraffine est fondamentale pour la bonne réussite de la bougie, car à des températures trop hautes, les morceaux colorés fondraient complètement **(photo C)**.

C

A

B

SUGGESTIONS

Pour mettre en évidence l'aspect marbré, faites alterner des morceaux de cire blanche et des morceaux colorés. Si vous souhaitez en revanche obtenir un effet nuancé et dégradé, mettez l'un après l'autre des morceaux de cire de couleurs graduées.

LES BOUGIES
À PLUSIEURS COUCHES

Vous pouvez choisir de réaliser ces bougies de plusieurs couleurs ou de teinte unie. Le changement de relief ne tient qu'à la température de la cire.

1. La cire doit être chauffée jusqu'à 85 °C.

2. Dans un récipient, versez un peu de cire de la première couleur que vous souhaitez utiliser.

3. Placez la mèche à pied et attendez que la cire se solidifie, mais pas complètement **(photo A)**.

4. Recommencez l'opération avec les autres couleurs, jusqu'à ce que la bougie soit terminée **(photo B)**.

B

A

1. La cire ne doit pas dépasser les 65 °C.

2. Le résultat des versements successifs donne naissance à de petites veinures blanchâtres, disposées à l'horizontale, sur toute la surface de la bougie **(photo A)**.

3. Si, comme pour le modèle photographié, vous souhaitez obtenir une forme conique en utilisant un récipient en verre, placez la mèche en pratiquant un trou dans la bougie en utilisant une aiguille à tricoter chauffée **(photo B)**.

LES BOUGIES D'EXTÉRIEUR

1. Les récipients pour les bougies d'extérieur peuvent être des plus variés. Les plus connus sont certainement les vases en terre cuite qui, une fois remplis de cire, sont appelés « torchères romaines » **(photo A)**.

2. Appliquez une couche de colle plutôt résistante sur le fond du récipient **(photo B)**.

3. Prenez une très grosse mèche (on en trouve, faites pour les bougies d'extérieur) et collez-la soigneusement au fond. Laissez sécher au moins 4 heures. Si la mèche n'est pas bien collée, une fois que la bougie est allumée et la cire fondue, la mèche se déplace vers le bas, faisant s'éteindre la flamme **(photo C)**.

4. Versez la cire à une température ne dépassant pas les 80 °C : des températures plus élevées feraient fondre la colle **(photo D)**.

C

A

B

D

Les « torchères en bâton » connaissent différents usages : la police les utilise parfois pour signaler des situations de danger ; plantées dans le sol, elles servent à éclairer les allées des jardins ; munies d'une poignée, elles sont utilisées dans les processions religieuses et les manifestations populaires.

1. Prenez une grosse mèche, de celles d'extérieur, et coupez-la 5 cm plus grande que la torchère que vous voulez réaliser **(photo A)**.

2. Procédez ensuite de la même façon que pour les bougies par immersions (voir page 12) **(photo B)**.

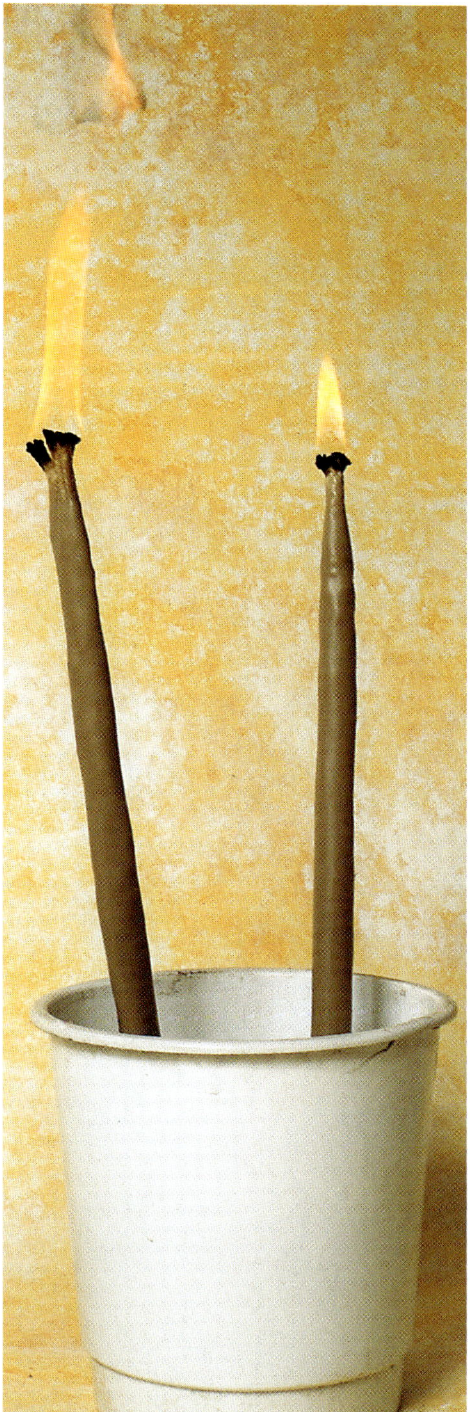

DÉCORER LES BOUGIES

Comme vous pourrez le constater au cours de ce chapitre, les méthodes de décoration des bougies sont vraiment nombreuses et vous pourrez en trouver bien d'autres en mettant à contribution votre imagination.
Ce que vous devez garder en tête, c'est d'éviter l'usage de matériaux hautement inflammables ! Font exception toutefois les feuilles et les fleurs séchées qui, par leurs dimensions réduites, ne peuvent pas créer de dégâts, de même que les grains de café ou les écorces d'orange, qui, faisant partie du revêtement externe, n'entrent pas en contact direct avec la flamme de la bougie.
Bien entendu, toutes les matières plastiques sont rigoureusement interdites, puisqu'au contact de la chaleur, elles produisent des fumées toxiques très nuisibles pour la santé.

AVEC DES GRAINS DE CAFÉ

Pour la décoration, on peut utiliser de la même façon des grains de café, des fleurs séchées, des perles en verre, des paillettes, des écorces d'arbre ou des écorces d'orange. Si vous souhaitez réaliser quelque chose de plus élaboré, organisez par exemple une décoration à thème. Durant les fêtes de Noël, vous pourrez associer une brindille de pin et quelques perles en verre coloré, pour reproduire une miniature de sapin de Noël. Ou encore, en utilisant les tesselles en céramique avec lesquelles on réalise les mosaïques, vous pourrez créer un modèle de bougie vraiment original.

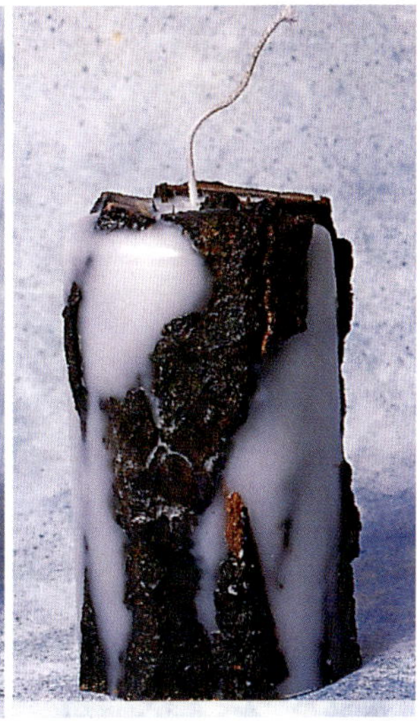

1. Procurez-vous une boîte de conserve ou un récipient cylindrique dont vous pourrez facilement tirer la bougie terminée, une grosse bougie moins large et plus petite que votre récipient et une casserole pleine de paraffine pure. Il vaut mieux utiliser la paraffine pure à cause de sa transparence plus grande par rapport aux mélanges de paraffine et de stéarine.

2. Choisissez une bougie dont le diamètre soit inférieur de pas plus de 2 cm à celui de votre récipient, et placez-la au milieu de ce dernier **(photo A)**.

3. Remplissez l'espace entre la bougie et la paroi du récipient avec des grains de café, jusqu'à la hauteur de la bougie **(photo B)**.

4. Versez la paraffine chauffée à 80 °C jusqu'à ce qu'elle recouvre les grains de café **(photo C)**.

5. Quelques instants après, une partie des grains de café effleurera la surface, se disposant en couronne autour du bord supérieur de la grosse bougie. Si vous souhaitez qu'un nombre plus grand de grains de café décore le haut de la bougie, versez encore un peu de paraffine et d'autres grains de café, qui flottent dans la paraffine, remonteront à la surface. Faites toutefois attention à ne pas exagérer car les grains de café trop proches de la mèche, une fois la bougie allumée, pourraient brûler en produisant beaucoup de fumée.

6. Laissez maintenant refroidir et, lorsque la cire se sera rétractée, versez encore de la paraffine, mais à température plus basse, afin de ne pas faire fondre la première couche. De cette façon, vous obtiendrez une surface plus plane.

7. Laissez refroidir, puis placez le récipient dans le freezer durant une dizaine de minutes.

8. Une fois le refroidissement terminé, retournez le récipient pour en ôter la bougie.

9. Pour faire en sorte que les grains de café soient en relief, préparez une casserole pleine d'eau bouillante et, après avoir enfilé une paire de gants en caoutchouc pour protéger vos mains de la chaleur, plongez dedans toute la bougie, durant un instant, en la tenant par la mèche.

10. En la retirant, vous vous apercevrez que la couche de paraffine recouvrant les grains de café est devenue plus fine.

11. Recommencez plusieurs fois l'opération, jusqu'à ce que les grains soient saillants, sans toutefois en arriver au point de les voir se détacher.

SUGGESTIONS

Si vous souhaitez que les grains décorent seulement les côtés de votre bougie, commencez par ne faire chauffer la paraffine que jusqu'à 65 °C. Puis, ne versez que quelques grains, suivis d'un peu de paraffine et laissez solidifier. Continuez de la sorte jusqu'à ce que la décoration soit terminée.
Cette façon de procéder vous donne en outre la possibilité de réaliser des décors à bandes horizontales, en faisant alterner soit des bandes décorées avec des bandes de paraffine simple, soit des décorations différentes.

Décorer les bougies avec des feuilles et des fleurs séchées demande un certain soin et un peu d'attention **(photo A)**.

1. À l'aide d'une colle liquide, collez très soigneusement la décoration sur les bords de la bougie, en faisant attention à bien faire adhérer toutes les parties. Si la décoration n'était pas bien collée, des gouttes de cire pas très esthétiques pourraient se former sur la bougie **(photos B et C)**.

2. Laissez sécher, puis plongez votre bougie dans un bain de paraffine pure à 85 °C **(photo D)**.

C

A

D

B

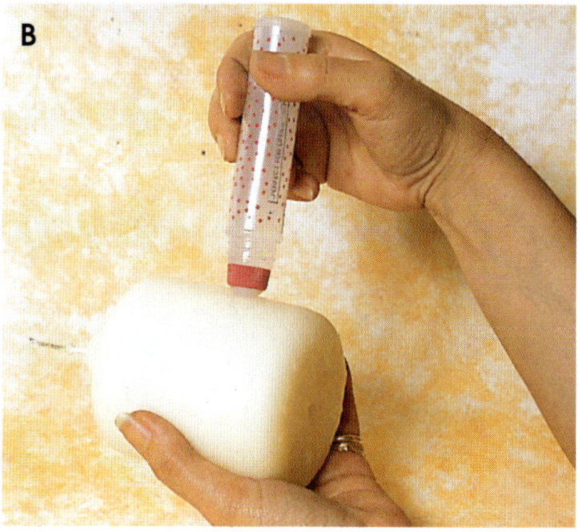

SUGGESTIONS

Il vaut mieux faire sécher soi-même feuilles et fleurs. La méthode de séchage la plus commune est aussi la plus efficace : utilisez donc les pages d'un livre, en choisissant un ouvrage assez lourd (qui comprend au moins 200 pages). En outre, choisissez toujours des bougies très lisses pour ce type de décoration.

AVEC DES TUBES DE PAILLETTES

Pour ce type de décoration, on utilise de la colle liquide à papier et des tubes de paillettes, que l'on trouve facilement en magasin dans de nombreux coloris, en pots ou en tubes **(photo A)**.

1. Répartissez uniformément la colle sur les parois de la bougie que vous souhaitez décorer **(photo B)**.

2. Versez les paillettes sur une feuille de papier.

3. Faites rouler la bougie sur la feuille **(photo C)**.

4. Sur les parties de la bougie n'étant pas plates, versez les paillettes en pluie.

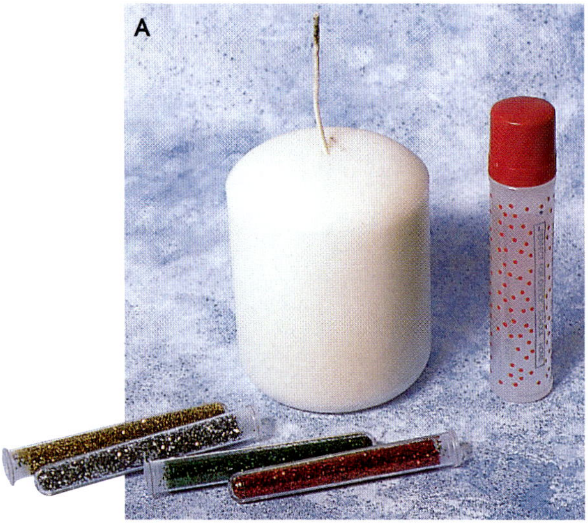

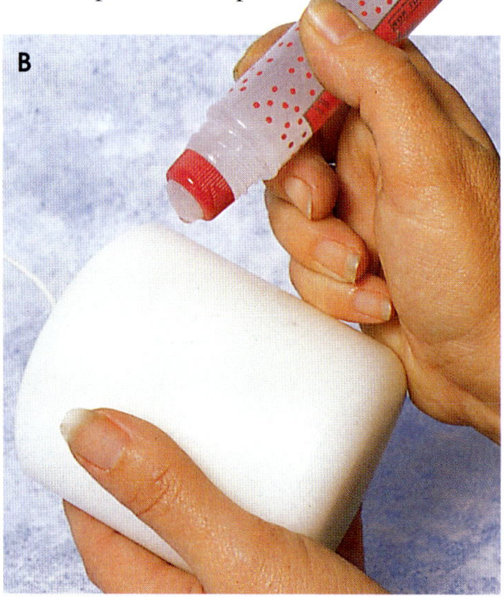

SUGGESTIONS

Nous conseillons d'utiliser pour chaque bougie des paillettes d'une seule couleur, car elles sont très volatiles et adhèrent en petite quantité même sur les endroits de la bougie dépourvus de colle. En utilisant plusieurs couleurs, on risque facilement de toutes les mélanger et d'obtenir un effet barbouillé.

La technique du découpage illustrée sur cette photo utilise du papier adhésif feutré, mais on peut utiliser d'autres types de papier et des tissus de différentes sortes **(photo A)**.

1. Dessinez au dos du papier la forme désirée que vous découperez ensuite aux ciseaux **(photo B)**.

2. Enlevez le papier adhésif et collez l'image sur la bougie, en la faisant adhérer tout entière **(photo C)**.

3. Plongez la bougie dans un bain de paraffine pure chauffée à 85 °C **(photo D)**.

4. Vous pouvez compléter vos décorations en dessinant des petits points dorés au pinceau **(photo E)**.

A

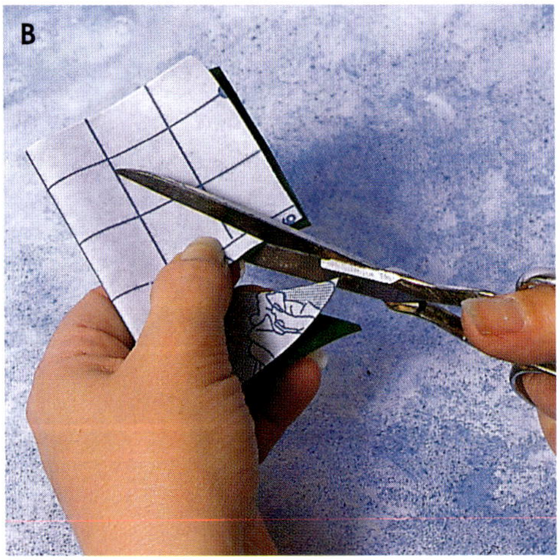
B

C

D

E

AVEC DES ÉPONGES

Pour cette décoration, servez-vous d'une éponge de mer ou d'une éponge synthétique à gros grain.

1. Préparez quelques petits bols de cire colorée très chaude **(photo A)**.

2. Plongez une partie de l'éponge dans la cire bouillante et laissez égoutter quelques instants.

3. Tamponnez délicatement la bougie brute jusqu'à ce que vous obteniez l'effet désiré **(photos B et C)**.

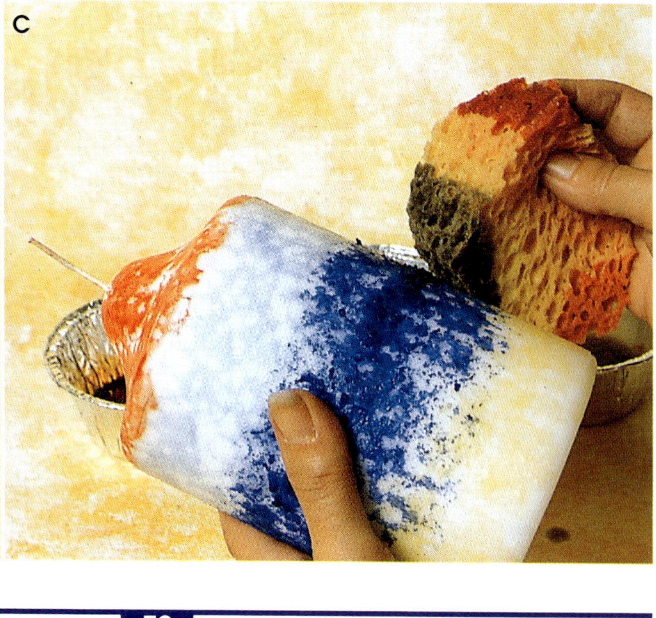

SUGGESTIONS

Changez d'éponge pour chacune des couleurs utilisées, ou bien lavez-la à l'eau chauffée à 70 °C et au savon de ménage, en vous protégeant les mains avec une paire de gants en caoutchouc plutôt épais.

AVEC DES FEUILLES DE CIRE

Dans le commerce, on trouve des feuilles de cire de différents types : les feuilles métallisées et celles ornées de fleurs en relief et brillantes sont du plus bel effet **(photo A)**.
Les feuilles en cire sont faciles à appliquer : il suffit de les découper suivant les mesures de la bougie et de les presser contre la surface de la bougie, puisqu'elles adhèrent facilement et ne se détachent pas **(photos B et C)**.

A

B

C

L'une des caractéristiques intéressantes de la paraffine est le fait de pouvoir la monter en neige, exactement comme le blanc d'œuf et en utilisant les mêmes instruments. Il est toutefois conseillé d'utiliser une petite cuillère plutôt qu'un fouet, la première étant plus facile à utiliser **(photo A)**.

1. Faites chauffer modérément la paraffine et versez-la dans un récipient rond.

2. Commencez à battre la paraffine lorsqu'elle est en train de se solidifier **(photo B)**.

3. Lorsque vous aurez obtenu une mousse plutôt dense, disposez-la rapidement sur la bougie que vous voulez décorer **(photo C)**.

4. Suivant le type de bougie que vous utiliserez et la façon dont vous aurez disposé la paraffine battue en neige, elle ressemblera à de la neige ou à de la mousse **(photo D)**.

AVEC DES NUANCES

La forme de bougie la plus adaptée à ce type de décoration est sans aucun doute la ronde, mais on obtient également de bons résultats avec d'autres formes, par exemple celle en pyramide. Munissez-vous de quelques récipients contenant des couleurs en poudre et un pinceau à pointe fine **(photo A)**.

1. Avec le pinceau, déposez un peu de couleur sur le sommet de la bougie **(photo B)**.

2. Plongez-la dans un bain de paraffine pure chauffée à 120 °C **(photo C)**.

3. Les colorants, en se diluant dans la paraffine chaude, formeront de délicates et agréables nuances à la surface de la bougie **(photo D)**.

A

C

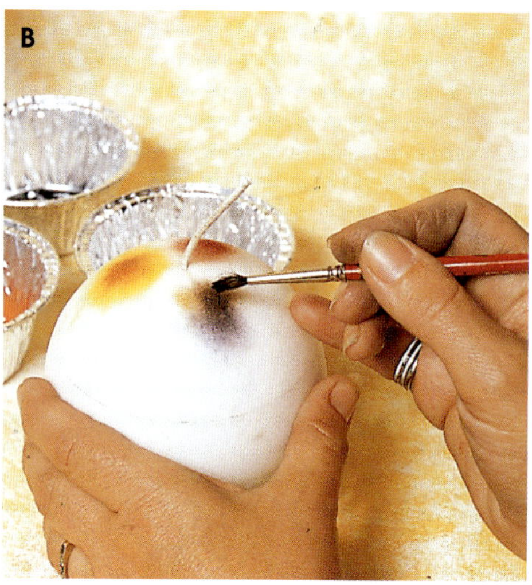
B

D

PAR VAPORISATION SUR POCHOIRS

Stencil est le mot anglais désignant la technique du pochoir : on découpe le dessin choisi dans une feuille d'acétate ; on applique le « masque » ainsi créé sur la bougie et, en général au pinceau mais pour ce type de décoration en utilisant une bombe de vernis spray, on colore les parties de la bougie restant à découvert **(photo A)**.

1. Faites adhérer soigneusement le pochoir à la surface de la bougie, en vous aidant si nécessaire de quelques morceaux de ruban adhésif.

2. Posez la bougie et vaporisez-la de manière uniforme **(photo B)**.

A

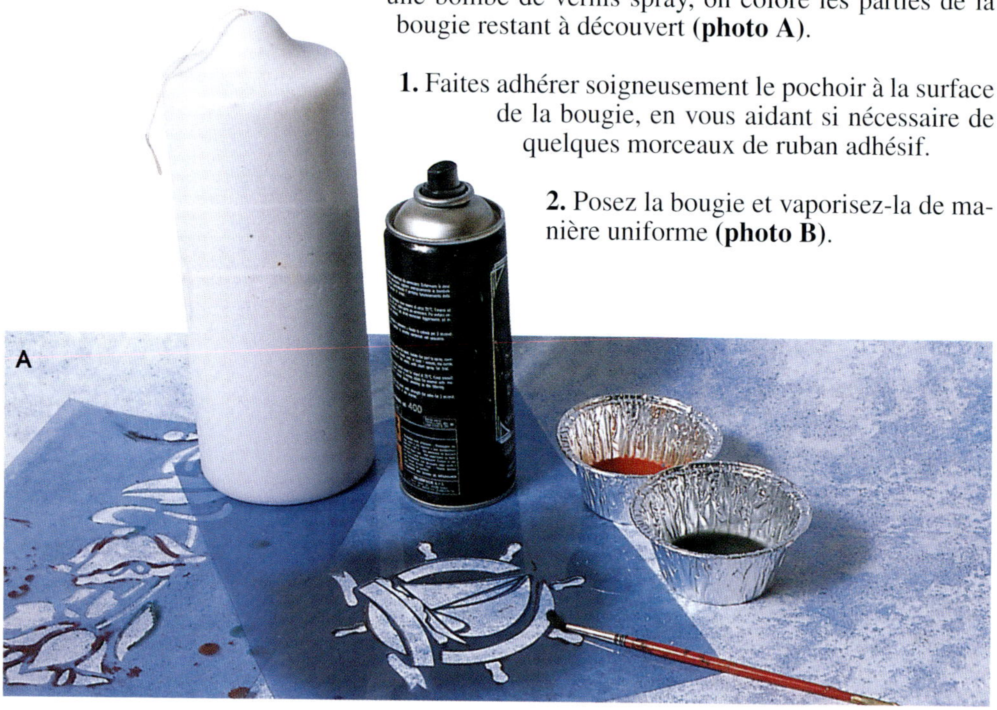

B

1. Préparez un peu de cire colorée très chaude (120 °C) répartie dans différents récipients.

2. Fixez le pochoir à la surface de la bougie.

3. Peignez la bougie au pinceau, en faisant attention à ne pas trop faire refroidir la cire colorée **(photo A)**.

A

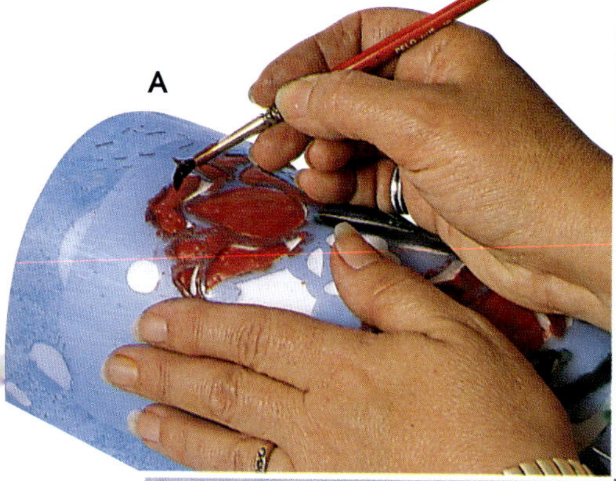

AVEC UN VERNIS SPRAY

Servez-vous de banales bombes de vernis en spray, sachant que vous obtiendrez les meilleurs résultats avec les produits métallisés, surtout dans les teintes or et argent **(photo A)**.

1. Préparez un plan de travail, en le protégeant convenablement.

2. Posez la bougie dessus et vaporisez de manière uniforme **(photo B)**.

SUGGESTIONS

Faites toujours un essai avec une bougie de petite taille pour vérifier que le type de vernis que vous êtes en train d'utiliser ne s'enflamme pas une fois la bougie allumée. Travaillez à l'extérieur ou sur un balcon, car ces vernis sont très volatiles et ne s'enlèvent pas facilement des surfaces éventuellement tachées.

Les feutres indélébiles laissent leur trace y compris sur la cire, mais l'intensité de la couleur s'avère moins grande que sur le papier ou d'autres matériaux plus habituels. Il est donc conseillé d'utiliser des bougies blanches ou de couleur claire. En outre, il faudra faire attention à passer plusieurs fois le feutre sur le motif créé **(photo A)**.

A

BOUGIES PEINTES AU PINCEAU

La méthode est la même que celle déjà illustrée pour les bougies décorées au pochoir et à la cire colorée en page 80.
Préparez quelques bols (autant que de couleurs nécessaires) de cire colorée très chaude. Peignez le motif souhaité sur la bougie, avec un petit pinceau, en prenant soin de ne pas laisser refroidir la cire colorée.

On peut sculpter et donner des formes aux bougies recouvertes comme aux bougies de teinte unie : les premières auront des rainures blanches, les secondes par contre auront des rainures de la même couleur que le reste de la bougie.
Les instruments dont vous aurez besoin sont les mêmes que ceux utilisés pour creuser et sculpter le bois **(photo A)**.

1. Préparez sur le papier le dessin ou le schéma que vous voulez représenter sur la bougie.

2. Reportez le schéma sur la surface de la bougie et recopiez-le avec un feutre, sans aller trop profond **(photo B)**.

A

B

SUGGESTIONS

Si vous éprouvez quelques difficultés pour creuser la cire, plongez la pointe des instruments dans de l'eau chaude à 60 °C. Rappelez-vous que si vous n'avez pas les instruments faits pour graver, vous pouvez également utiliser des instruments d'usage domestique commun, comme les tournevis avec des pointes de différentes formes et mesures.

Les bougies peuvent être façonnées y compris en utilisant de l'eau chaude. Voici comment vous devez procéder.

1. Remplissez une casserole d'eau et amenez-la à ébullition, puis éteignez le feu **(photo A)**.

2. Munissez-vous d'une paire de gants en caoutchouc et plongez dans l'eau chaude une partie de la bougie, durant quelques secondes. Plus la bougie restera immergée dans l'eau, plus la quantité de cire éliminée sera importante **(photos B et C)**.

3. Recommencez l'opération plusieurs fois en plongeant des parties toujours plus grandes de la bougie.

4. La partie de la bougie plongée la première dans l'eau s'avérera la plus fine, une fois le travail terminé.

SUGGESTIONS

Au cours de votre travail, allumez de nouveau le feu de temps en temps, pour ne pas laisser tomber trop bas la température de l'eau. Pour ce genre de décoration, il est conseillé d'utiliser uniquement des bougies blanches ou de teinte unie.

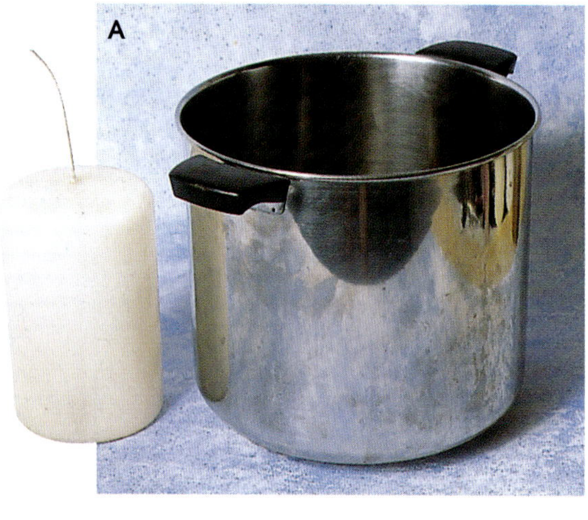
A

B

C

Pour cette technique, on utilise une bougie cylindrique.

1. En utilisant la méthode déjà décrite pour les bougies par immersions (voir page 12), recouvrez la grosse bougie de 3 bains d'une même couleur **(photo A)**.

2. Recommencez l'opération avec des couleurs différentes.

3. Pendant que la bougie est encore chaude, pratiquez au cutter quelques incisions profondes, légèrement obliques, et repliez doucement la cire effeuillée **(photos B et C)**.

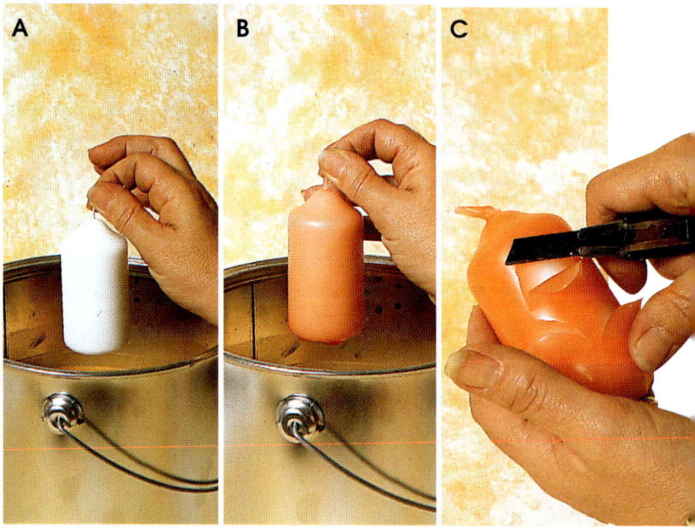

LES CHANDELIERS

Ceux qui veulent se consacrer à l'art de la fabrication des bougies ne peuvent ignorer les chandeliers : dans le commerce, on en trouve de toutes sortes et à tous les prix. Par le passé, lorsque les bougies servaient uniquement à l'éclairage des pièces, les efforts des artisans se portaient sur la création de chandeliers. Les matériaux utilisés étaient des plus variés : bois, bronze, argent, cristal, verre, porcelaine. Certains chandeliers étaient de véritables œuvres d'art de maîtres orfèvres et de maîtres verriers et les bougies n'étaient qu'une sorte de complément, étant donné leur pauvreté de forme. Les lustres eux-mêmes n'étaient pas autre chose que de grands chandeliers comportant plusieurs bras suspendus.

Aujourd'hui, les chandeliers existant dans différentes formes et de nombreuses couleurs, il faut être attentif à l'accord entre bougie et chandelier et au contexte dans lequel ils seront placés. Choisissez toujours des bougeoirs d'un diamètre plus grand que les bougies qui doivent y être placées, afin qu'ils puissent contenir la cire d'éventuelles coulures.

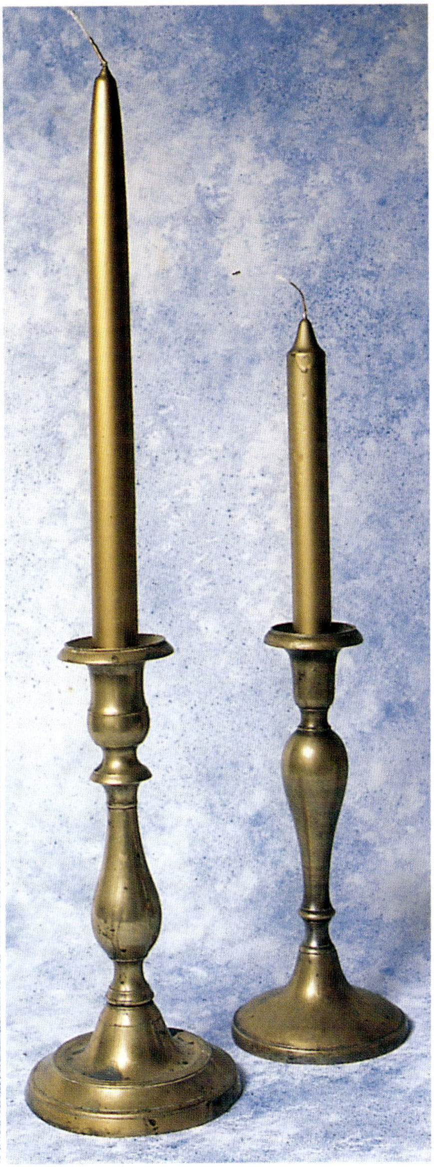

Pour les chandeliers en fer forgé, préférez les bougies blanches ou ivoires, rigoureusement opaques. Sur le classique bougeoir à une seule flamme que nos aïeux utilisaient pour aller se coucher, vous pouvez aussi utiliser des bougies colorées mais dans des tonalités neutres et opaques. Le complément naturel de l'argent est la couleur ivoire dite laquée, mais il supporte également bien les bougies colorées, brillantes, s'accordant au linge de table, à l'ameublement de la pièce ou au type de fête célébrée (par exemple les noces d'argent qui entraînent l'utilisation de bougies argentées ou Noël où c'est le rouge qui domine). Sur ces chandeliers, l'or est presque toujours déconseillé. La bougie dorée s'accorde par contre parfaitement aux cuivres et au cristal non coloré. Les verres et les cristaux colorés s'accompagnent toujours de bougies brillantes de la même couleur. D'autres matériaux colorés mais opaques, suivent le même principe de coordination que les verres, en choisissant naturellement des bougies opaques.

Des objets dits « ethniques » nécessitent des bougies opaques dans toutes les teintes de couleur comprises entre l'ivoire et le brun, ou bien, s'il s'agit d'objets aux décors colorés, de bougies dans la même teinte.
En ce qui concerne les bougies noires, qui sont aujourd'hui assez à la mode, on les accorde souvent à des chandeliers en aluminium. Les autres utilisations de la bougie noire doivent toujours être évaluées soigneusement pour ne pas tomber dans le décor funéraire. On trouve également dans les magasins spécialisés des bougies à l'ancienne, traitées avec une patine noire spéciale afin de s'accorder exclusivement aux chandeliers anciens.

La forme et la hauteur des bougies et des chandeliers ou bougeoirs ont également leur importance. Les grands chandeliers demandent des bougies hautes, tandis que les bougeoirs bas sont destinés à des grosses bougies ou des petites rondes.

En conclusion, disons que les bougies sont aujourd'hui considérées comme un accessoire de décoration raffiné, quelle que soit leur forme.

Table des matières

Achevé d'imprimer en novembre 2002
à Milan, Italie,
sur les presses de Grafiche Mazzucchelli S.p.A.

Dépôt légal : novembre 2002
Numéro d'éditeur : 7839